Zauberhafte Märchenwolle

Christel Dhom

Zauberhafte Märchenwolle

Anleitungen zum künstlerischen Gestalten von Mobiles und Spielfiguren

Verlag Freies Geistesleben

Über die Autorin:
Christel Dhom, geboren 1960, ist ausgebildete
Erzieherin und Waldorfkindergärtnerin und seit
vielen Jahren als Gruppenleiterin tätig. 1997
begann sie eine Ausbildung zur Heilpädagogin.
Darüber hinaus ist sie seit 1991 an der Kreisvolks-
hochschule Kaiserslautern u.a. für Kurse *Gestalten
mit Märchenwolle* tätig.

ISBN 3-7725-1675-0
2. Auflage 1999
Verlag Freies Geistesleben
Landhausstraße 82
70190 Stuttgart
Internet: www.geistesleben.com

Fotos: Wolpert & Strehle
Illustrationen: Barbara Bayer-Stichler
Einband: Walter Schneider unter Verwendung eines Fotos
von Wolpert & Strehle
Druck: Uhl, Radolfzell

Inhalt

Einleitung

Während meiner Ausbildung am Kindergartenseminar in Stuttgart, arbeitete ich zum ersten Mal mit Märchenwolle. Ich war beeindruckt von der Lebendigkeit der Dinge, die aus diesem Material in unseren Händen entstehen konnten. Schon lange vorher waren die Zartheit von Pflanzenfarben und Schafwolle sehr ansprechend für mich. Ich hatte jedoch nicht den Mut, einfach mit dem Gestalten anzufangen. Am Seminar wurde dann der Grundstein für den Umgang mit der Märchenwolle gelegt und die Faszination hat seither nicht nachgelassen. Nachdem ich einige Zeit später bei einer Fortbildungsveranstaltung als künstlerische Arbeit «Märchenwolle» gewählt hatte, war ich ständig am Entwickeln eigener Techniken und neuer Formen. Dabei ließ ich mich leiten von der Menschenkunde Rudolf Steiners.

Schon bald gab ich meine erworbenen Fähigkeiten und Erfahrungen an Elternabenden im Waldorfkindergarten Kaiserslautern, im Basarkreis an unserer Schule in Otterberg und als Dozentin an der Volkshochschule weiter, aber auch im Rahmen meiner Tätigkeit als Waldorfkindergärtnerin an Kinder des Kindergartens und der Waldorfschule. Die Zusammenarbeit und der Austausch mit anderen brachte mir viel Freude sowie zahlreiche neue Anregungen. An dieser Stelle sei allen Menschen ganz herzlich gedankt, die dazu beigetragen haben!

Inzwischen sind viele Jahre vergangen und der Wunsch, das Ergebnis dieser Arbeit in einem Büchlein festzuhalten, um es einem größeren Personenkreis zugänglich zu machen, wurde immer wieder an mich herangetragen. Nun endlich habe ich mich entschlossen, dies zu tun.

Sowohl Anfänger als auch Fortgeschrittene finden in dem vorliegenden Buch Anregungen mit den entsprechenden Anleitungen und Hilfestellungen. Alles ist leicht verständlich und überschaubar aufgebaut. Um ein Gefühl für das Material und seine Eigenschaften zu bekommen, empfehle ich, mit einfachen Arbeiten wie Vogel, Schmetterling oder Ball, die hier an den Anfang gestellt sind, zu beginnen. Dann erst sollte man sich differenzierter ausgestaltete Arbeiten wählen.

Allen Menschen, denen dieses Büchlein in die Hand gegeben worden ist, wünsche ich viel Freude am künstlerischen Tun mit der Märchenwolle. Mögen auch sie von der Zartheit und Feinheit des Materials ergriffen werden.

Vom pädagogisch-
therapeutischen Umgang
mit Märchenwolle

In Kindergarten und Schule konnte ich immer wieder die positive Wirkung der Märchenwolle gerade auf seelenpflegebedürftige Kinder beobachten. Einerseits erlebt man eine große Beruhigung und Zufriedenheit beim Arbeiten mit der Wolle. Oft wird es in einer Kindergruppe, aber auch bei Erwachsenen, ganz still, wenn sie ins Tun mit der Wolle kommen. Gespräche werden im Flüsterton geführt, ohne daß man darum gebeten hat. Meist entsteht eine sehr angenehme Schaffensatmosphäre. Andererseits regt die Wolle vielfältig unser Empfinden und unsere Sinne an: Wie fühlt sich die Wolle zwischen den Fingern an, wenn ich sie reibe? Wie fühlt sich die Wolle auf meinem Arm, in meinem Gesicht usw. an? (Tastsinn). Wie kalt oder warm fühlt sich die Wolle an? Wie kalt oder warm werden meine Hände, wenn ich mit der Wolle arbeite? (Wärmesinn). Wie riecht die Wolle, wenn sie noch unbehandelt ist, wenn sie nass ist, wenn sie gewaschen ist, wenn sie gefärbt ist? (Geruchssinn). Wie schnell oder langsam fällt die Wolle zu Boden und welche Geräusche macht sie dabei? Was muß ich beim Aufhängen eines Mobiles beachten, damit es schön hängt?

(Gleichgewichts- und Gehörsinn). Welche Farb- und Formnuancen läßt das Arbeiten mit der Märchenwolle zu? (Sehsinn).

Sowohl Grob- als auch Feinmotorik werden im Umgang mit der Märchenwolle geübt. Bewegungen aus dem Oberarm heraus (Wollflies tragen, waschen usw.), als auch aus Unterarm und Handgelenk, sowie den Fingern und Fingerspitzen (zupfen, reiben umwickeln) sind beim Gestalten erforderlich und werden dabei gefördert. Das Material selbst bietet wenig Widerstand. Wie wertvoll kann die Erfahrung sein, daß ich mit zuviel Kraft alles zerstören kann oder erst gar nichts erreiche, z.B. wenn ich ein Stückchen Wolle vom Band abziehen möchte, oder wie wenig Kraft, richtig eingesetzt, schon einen «Eindruck» hinterläßt.

Pflanzengefärbte Wolle

Bei der Geburt sind die inneren Organe des Menschen noch nicht vollständig ausgebildet. Ihre individuelle Form bekommen sie im Laufe der ersten Jahre. Das Plastizieren mit Märchenwolle wirkt, besonders im ersten Jahrsiebt, organbildend und somit gesundend auf den physischen Körper. Unser inneres Befinden drückt sich im Äußeren aus und wird dort sichtbar. So können wir an einer gebückten Haltung u.a. die Niedergeschlagenheit eines Menschen oder an den dunklen Ringen unter den Augen seine Müdigkeit erkennen. Umgekehrt wirkt alles Äußere auf unser Innenleben. An einem sonnigen Frühlingstag, an dem man die ersten Vögel wieder zwitschern hört, sind wir eher fröhlich gestimmt, dagegen macht ein unangenehmes Erlebnis uns traurig. Mit diesem Hintergrund verstehen wir, daß jede künstlerische Tätigkeit, auch das Gestalten mit Märchenwolle, wohltuend auf unsere Seele wirkt. Die eigene Tätigkeit und die Freude über das Ergebnis gibt Kindern und Erwachsenen gleichermaßen Lebenskraft und Nahrung für die Seele.

Viele Kinder lieben es, ihre beiden Hände in einen mit Märchenwolle gefüllten Korb zu stecken und sich ganz ihrem Tastempfinden hinzugeben. Sicherlich macht es auch Spaß, einmal die Wolle im Korb nach Farben, Farbnuancen, hellen Farben, dunklen Farben usw. zu sortieren. Man könnte auch eine erfundene Geschichte erzählen, in der unterschiedliche Farben erwähnt werden. Bei jeder Farbnennung in der Geschichte dürfen die Kinder einen Wollebausch in der entsprechenden Farbe nehmen. Die Märchenwolle eignet sich auch für Pustespiele, entweder als Wettspiel: Wer hat am schnellsten den Wollebausch von a nach b gepustet oder als Gemeinschaftsspiel, daß der Wollebausch hinter dem Zwerg herläuft (gepustet wird).

Erleben die Kinder einen Erwachsenen beim Gestalten der Märchenwolle, möchten sie auch gerne tätig werden. Schon Dreijährigen kann man ein Stückchen Wolle und eine Sticknadel mit einem doppelten Faden, der am Ende verknotet ist, zum Nähen geben. Sie stechen dann immer wieder in die Wolle hinein, ziehen die Nadel heraus, um sie wieder einstechen zu können (siehe Abb. oben). Im Laufe der Zeit zieht sich die Wolle zu einem ballähnlichen Gebilde zusammen. Dies kann für das Kind eine Schneeflocke oder ein Schneeball usw. sein. Die Bezeichnungen dafür können durchaus täglich wechseln.

Danach kann man einen Vogel oder Schmetterling zum Schmücken des Osterstraußes versuchen. Viel Freude haben die Kinder, wenn man an sonnigen Tagen draußen, vielleicht für das bevorstehende Sommerfest oder aber mit allen Kindern an einem Geburtstagsfest, Bälle filzt. Sie können dann für viele zukünftige Spiele verwendet werden, z.B. ein in einem Reifen hängendes Glöckchen zu treffen.

Was sich auf dem Jahreszeitentisch zu Hause, im Kindergarten oder in den unteren Klassen einer Waldorfschule tut, wird von den Kindern genau beobachtet und manchmal sogar mit Spannung erwartet. Sowohl das, was sich heimlicherweise verändert, als auch das, was im Entstehen erlebt werden durfte, hat auf dem Jahreszeitentisch einen besonderen Wert. Ehrfurcht, Liebe und Dankbarkeit können empfunden werden.

Kinder brauchen Märchen und lieben die darin beschriebenen Personen. Viele haben sogar ein Lieblingsmärchen. Es ist sicher ein besonderes Geschenk, wenn ein Kind die Hauptfiguren als Mobile bekommt und sich daran erfreuen kann. Immer wird es beim Anschauen das Märchen und die darin beschriebenen Lebensweisheiten erinnern. Es gibt Märchen, die besonders in eine bestimmte

Jahreszeit hineinpassen. So kann man Frau Holle im Winter oder Dornröschen im Sommer als Zimmerschmuck aufhängen.

Im Waldorfkindergarten wird in der Regel drei bis vier Wochen lang täglich das gleiche Märchen im Schlußkreis erzählt. Danach erfolgt ein anderes Märchen oder Puppenspiel. Das dazugehörende Mobile könnte für die Zeit des Erzählens im Kindergarten oder zu Hause hängen. Alle Märchenfiguren können sowohl als Mobile als auch als stehende Figuren für den Jahreszeitentisch gefertigt werden. Anregungen und Anleitungen findet man zur Genüge in diesem Buch.

Figuren aus Märchenwolle, die wir den Kindern zum Spielen in die Hand geben, z.B. Zwerge, Tanzmädchen, bedürfen einer gewissen Behutsamkeit im Umgang. Sie haben eben etwas Lebendiges, das Veränderungen unterliegt und nichts Totes und Starres. Dies wirkt erziehend auf unsere Kinder.

Ganz bewußt wurden alle Figuren, die hier im Buch beschrieben sind, sehr schlicht in ihrer Ausgestaltung gehalten, nach dem Motto: Weniger ist mehr. Alles, was nicht gestaltet ist, ergänzt die kindliche Phantasie und regt diese somit an. Unsere Kinder brauchen Phantasiekräfte, denn sie helfen, einmal lebenstüchtig zu werden. Wer Phantasie und Ideen hat, wird in schwierigen Lebenslagen und Problemsituationen eher eine Lösung oder einen Ausweg finden.

Was man über Schafwolle wissen sollte

Wenn wir uns ein ungesponnenes Wollhaar um ein vielfaches vergrößert anschauen, so sehen wir viele kleine Schüppchen, die versetzt angeordnet sind, ähnlich wie bei einem Tannenzapfen. Da die einzelnen Wollfädchen in unterschiedlichen Richtungen aufeinander liegen, verhaken die Schüppchen des einen Fädchens mit denen eines anderen und bewirken so das Aneinanderhaften.

Wirken nun Wärme, Kälte und Feuchtigkeit auf die Wolle ein, beginnt diese zu schrumpfen und sich somit noch fester zu verbinden. Der Effekt des Filzens entsteht. Diese beiden Eigenschaften wollen wir uns beim Gestalten mit Märchenwolle zunutze machen. Wir verwenden deshalb bei allen Anleitungen keinen

Wolle im Band

Klebstoff! Dies würde der Natürlichkeit des Materials und der Lebendigkeit, die zum Ausdruck kommen soll, entgegenwirken. Reiben wir die Wolle zwischen den angefeuchteten Fingern, dann erreichen wir einen ähnlichen Effekt wie beim Filzen. Auch das ist eine Methode, um Haltbarkeit und Stabilität zu erreichen.

Märchenwolle oder Zauberwolle bekommen wir als Wolle im Band gekämmt (langfasrige Wolle) oder als Wolle in der Flocke oder Wolle im Vlies (kurzfasrige Wolle) zu kaufen. (Bezugsquellen im Anhang). Färben und kardieren (kämmen) wir unsere Wolle selbst, müssen wir entsprechend sortieren. Um dem Band oder der Flocke ein Teil Wolle zu entnehmen, benutzen wir keine Schere, sondern zupfen mit den Fingern. Geschnittene Wolle läßt sich nur schwer wieder verarbeiten, da sie an Spannkraft verloren hat. Es wären auch die weichen, zarten und lebendigen Formen in Mitleidenschaft gezogen. Nur in ganz wenigen Ausnahmen, so z.B. beim Schnäbelchen des Vogels, greifen wir zur Schere.

Damit unsere liebevoll gestalteten Figuren, Püppchen, Mobiles eine längere Lebenserwartung haben, sprühen wir sie zum Schluß, wenn wir mit der Form zufrieden sind, mit Haarspray ein. (Beim Sprühen genügend Abstand halten, da sonst die Figur verklebt.) Dies gibt noch mal einen besseren Halt und weist ein wenig den Staub ab. Bei Püppchen oder Zwergen, die nicht als Mobile oder für den

Jahreszeitentisch verwendet, sondern Kindern zum Spielen in die Hand gegeben werden, rate ich sehr davon ab. Durch das Haarspray fühlt sich die Wolle nicht mehr so zart an und entspricht weniger ihrem Ursprünglichen. Gerade das wollen wir aber den Kindern zum Begreifen erhalten.

Zum Aufbewahren der Wolle oder fertiger Figuren eignen sich Plastiktüten oder Säcke. Sie schützen nach meiner Erfahrung am besten gegen Motten. Wer ganz sicher gehen will, kann einige Tropfen Lavendel- oder Zedernöl auf einen Wollebausch geben und mit in die Tüte legen. Sollten dennoch einmal Motten ihre Eier abgelegt haben, hilft noch ein Gefrierschrank. Man kann die Figur oder Wolle in einer Tüte verpackt ein bis zwei Tage in den Gefrierschrank legen und somit das Gelege unschädlich machen.

Wolle in der Flocke, gewaschen und gekämmt

Wie Märchenwolle entsteht

Die Wolle

Im Frühling, wenn die Schafe geschoren werden, besorgen wir uns einen Sack Schafwolle. Bei gutem Wetter wird die Wolle sortiert. Stark verschmutzte Teile, Stroh oder Grasreste nehmen wir heraus. Nun waschen wir sie in heißem Seifenwasser (ein Eßlöffel flüssige Seife auf 10 Liter Wasser), danach gut in klarem Wasser nachspülen. Die Wolle ausdrücken und auf einem Tuch oder alten Zeitungen zum Trocknen ausbreiten. Dies geht natürlich im Frühling oder im Sommer bei gutem Wetter und der Möglichkeit im Freien zu arbeiten am besten.

Das Färben am Beispiel der Birkenblätter

Es ist zu empfehlen, Birkenblätter um Johanni (24. Juni) herum zu sammeln – bitte von jedem Baum nur soviel, daß er nicht leiden muß. In dieser Zeit gesammelte Blätter ergeben einen intensiveren gelben Farbton, denn sie haben die ganze Leuchtkraft der Frühlingssonne in sich aufgenommen. Die im Schatten

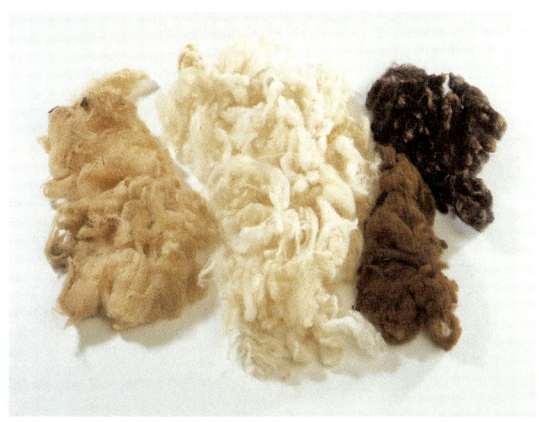

Gewaschene, ungekämmte Wolle

getrockneten Blätter können das ganze Jahr über zum Färben von Wolle, Stoffen aus Naturmaterialien und Ostereiern verwendet werden.

Zunächst müssen wir die Farbflotte herstellen. Dafür nehmen wir 100 - 200 g getrocknete Birkenblätter und weichen sie über Nacht in einem Topf ein. Am nächsten Tag wird dann alles ungefähr eine Stunde gekocht. Danach filtern wir den Sud in einen Eimer ab, füllen mit 10 Liter Wasser auf und erhalten die benötigte Farbflotte.

Bevor das eigentliche Färben beginnt, muß die Wolle gebeizt werden. Dazu nehmen wir 100 g Alaun – in Apotheken erhältlich – auf 10 Liter heisses Wasser und rühren mit einem Holzlöffel solange bis sich das Salz aufgelöst hat. Die angefeuchtete Wolle legen wir jetzt 15 Minuten lang locker in die Alaunlösung und rühren dabei mit einem Holzlöffel immer wieder um. Danach wird die Wolle in klarem Wasser gespült. Nun kann direkt gefärbt werden.

Wie beim Beizen legt man die Wolle locker in die Farbflotte und rührt mit einem Holzlöffel vorsichtig um. Die Wolle bleibt je nach Farbwunsch bzw. -intensität 15 Minuten bis mehrere Stunden in der Farbflotte liegen. Hat die Wolle den gewünschten Farbton angenommen, nehmen wir sie aus der Flotte (Gummihandschuhe!), spülen in klarem Wasser und lassen sie im Schatten trocknen. Es ist zu berücksichtigen, daß die Farbe in trockenem Zustand blasser erscheint als in feuchtem.

Wer gerne noch mehr mit Pflanzenfarben färben und experimentieren möchte, findet gute Anleitungen in dem Buch «Färben mit Pflanzen – Arbeitsmaterial aus den Waldorfkindergärten Heft 3», erschienen im Verlag Freies Geistesleben.

Nach dem Trocknen muß die Wolle noch kardiert, das heißt gekämmt werden. Dafür benutzte man früher Kardendisteln. Heute nimmt man zwei Handkarden oder Kardätschen, zwischen die man ein Stück Wolle legt und kämmt, bis die Fasern in einer Richtung liegen. Handkardierte Wolle ist nicht so gleichmäßig wie maschinell gekämmte, aber dennoch zum Gestalten gut zu gebrauchen.

Gestalten mit Märchenwolle

Ausdrucksmöglichkeiten durch die Farben

Nicht nur Form und Größe einer Figur, sondern auch die Farbe bestimmen ihre Ausstrahlung. Wir können damit andeuten, ob es sich um eine junge oder alte Person handelt, ob es um etwas kaltes oder feuriges geht, welches Temperament eine Person hat, in welcher Jahreszeit die Geschichte sich zugetragen hat usw.

Bevor wir uns für eine Farbe entscheiden, müssen wir uns also überlegen, was wir über-

Viele Farben stehen uns bei der Wolle zur Auswahl

haupt ausdrücken wollen, was uns wichtig ist, was typisch für die Gestalt ist, z.B. die rote Mütze des Rotkäppchens. Dabei ist es hilfreich, die Geschichte oder das Märchen, dessen Figur wir darstellen wollen, nochmals durchzulesen. Oft bekommen wir konkrete Hinweise, die uns die Farbwahl erleichtern: Rot wie Blut, schwarz wie Ebenholz, feuerrote Haare, pechschwarze Augen, ein Jüngling mit goldenem Haar … Es ergibt sich wie von selbst, daß Frau Holle, Aschenputtel und Schneewittchen in Blautönen gekleidet, ein Rosenrot eben rosenrot und ein Schneeweißchen schneeweiß gehalten sind.

Mit dunklen Farben können wir das Alter, die Erdverbundenheit wie bei den Zwergen und Schäfern, aber auch den Herbst darstellen. Mit hellen Farben drücken wir die Jugend und die Leichtigkeit sowie den Frühling aus. Warme Farben, wie rot, braun, goldgelb, ermöglichen uns, Herzenswärme auszudrücken, im Gegensatz zu den kalten Farben wie blau und giftgrün. Demnach ist es also kaum möglich eine Frau Holle, deren Weisheit im Märchen deutlich zu erkennen ist, mit hellblonden Haaren zu gestalten. Selbstverständlich braucht sie silbergraue Haare als Zeichen ihres Alters und der damit verbundenen Weisheit.

Je näher wir mit unserer Farbwahl dem Wesentlichen einer Figur kommen, desto ausdrucksvoller wird sie sein und desto eher erkennt der Betrachter die Gestalt und die dazugehörige Geschichte. Dabei sind sogar Farbnuancen von Bedeutung und sollten sorgfältig ausgewählt werden.

Ausdrucksmöglichkeiten durch Proportionen und Formen

Auch durch die Proportionen und Formen einer Figur können wir etwas über das Wesen zum Ausdruck bringen. So zum Beispiel haben Kinder größere Köpfe als Erwachsene, Zwerge kürzere Beine als Menschen und gehen etwas gebeugter, jüngere und temperamentvolle Wesen sind eher schlank usw.
Es ist sehr schwierig hierzu Größenangaben in Zentimetern zu machen. Unsere eigene Empfindungs- und Beobachtungsgabe spielen nämlich auch eine nicht unbedeutende Rolle. Grundsätzlich ist es uns sicher hilfreich, wenn wir uns am Lebendigen orientieren, das heißt, uns unsere Vorlagen in der Natur suchen. Bevor wir aus Wolle ein Schäfchen gestalten, schauen wir uns ein echtes Schaf auf der Wiese an und beobachten typische äußere Merkmale: Wie sind die Ohren, die Beine, der Schwanz?
Oft sind es nur Millimeter an Höhe, Länge oder Breite, die im Verhältnis zueinander das Typische einer Figur, egal ob es sich um eine menschliche Gestalt oder ein Tier handelt, ausdrücken. Die Größe von Kopf, Rumpf, Arm- und Beinlänge zueinander müssen gut bemessen sein. Es lohnt sich, dafür Zeit und Mühe zu investieren.

Proportionen und Formen hängen auch von unserer eigenen Konstitution ab. Kräftige Menschen neigen zu kräftigen Figuren und schlanke Menschen zu schlanken Figuren. Oft fällt es uns sehr schwer, entgegen der eigenen Veranlagung eine Figur zu gestalten. Grundsätzlich ist es aber wichtig, daß uns selbst das Ergebnis gefällt und wir damit zufrieden sind.
Unsere jeweilige Stimmung fließt beim Gestalten ebenfalls mit ein. Wenn wir eine Figur mehrmals herstellen, wird sie jedes Mal anders aussehen. Das darf sie auch, schließlich wollen wir ja keine Fließbandarbeit oder Meterware gestalten. Es wird deutlich, daß zwischen der ersten Figur und einer folgenden ein Stück persönlicher Entwicklung liegt. Ich bin heute ein bißchen ein Anderer als ich gestern war und morgen sein werde. Aber gerade dies ist ja das Persönliche und Individuelle, welches beim Künstlerischen zum Ausdruck kommt.

Benötigtes Material

Es ist gut, wenn man Nähnadeln, dünne, lange Stopfnadeln und eine Schere bei allen Arbeiten bereithält. Zum Abbinden eignet sich am besten farbiger Zwirn, denn er ist fester als Nähgarn und reißt nicht so schnell. Manchmal muß mit ein paar Stichen etwas festgenäht werden. Hierfür verwenden wir Nähgarne aus Baumwolle in den Farben der Märchenwolle.

Sowohl Wolle in der Flocke als auch Wolle im Band sollten wir in mehreren Grundfarben vorrätig haben. Zum besseren farbigen Ausgestalten sind sogar unterschiedliche Nuancen in einer Farbe notwendig. Märchenwolle ist als konventionelle, naturgefärbte (nur begrenzte Farbwahl) oder als pflanzengefärbte Wolle erhältlich. Chemisch gefärbte Wolle ist von den Gestaltungsmöglichkeiten her genauso zu verwenden wie pflanzengefärbte. Letztere fühlt sich jedoch etwas weicher an und hat eine größere Wirkung auf unsere seelische Empfindung. Von daher sollte man sie der chemisch gefärbten Wolle vorziehen.

Für manche Tiere wird ein Drahtunterbau benötigt. Dafür benutzen wir Pfeifenputzer. Diese sind haltbarer und stabiler als Biegeplüsch und deshalb besonders geeignet. Pfeifenputzer sind in Tabakgeschäften erhältlich. Ihre Farben spielen keine Rolle, da sie meistens mit Wolle umwickelt werden.

Naturgefärbte Wolle

Praktischer Teil

Schmetterlinge

Verwendungsmöglichkeiten
Mobile, Oster- oder Frühlingsstrauß

Material
- Märchenwolle in der Flocke in hellen Farbtönen
- Pfeifenputzer
- Nähgarn, Nähnadel, Schere
- für Mobile feinen Ast, z. B. Birkenzweig

Anleitung
Wir ziehen ein ca. 8 cm langes Stückchen hauchdünner, bunter Wolle aus der Flocke. Die Wollenden biegen wir um und reiben sie zwischen den angefeuchteten Fingern, so daß eine zarte Kante entsteht.

Dann wählen wir ein zweites, etwas kürzeres dünnes Wollstückchen in der gleichen Farbe oder in einer zu der ersten passenden Farbe und biegen ebenfalls die Enden um und reiben sie zwischen den feuchten Fingerspitzen. An-

statt die Enden umzubiegen, kann man sie auch spitz drehen und so eine andere Schmetterlingsform bekommen.

Nun legen wir einen Pfeifenputzer flach auf den Tisch. Die beiden hauchdünnen Wollstückchen kommen quer auf die eine Hälfte des Pfeifenputzers. Die andere Hälfte des Pfeifenputzers biegen wir um, so daß sie die beiden Wollstückchen umschließt. Die Wollstückchen schieben wir ein wenig zusammen und die Pfeifenputzerenden verdrehen wir so miteinander, daß die Wolle nicht mehr herausfallen kann. Die überstehenden Pfeifenputzerstückchen bilden die Fühler. Gegebenenfalls müssen sie noch ein Stückchen gekürzt oder umgebogen werden. Den Schmetterling versehen wir mit einem Fädchen zum Aufhängen.

Vögelchen

Verwendungsmöglichkeiten

Mobile, Oster- oder Frühlingsstrauß, Pfingsttaube (weiß!), Vögelchen im Nest für den Jahreszeitentisch

Material
- Wolle im Band in weiß oder bunt
- Zwirn, Nähgarn, Nähnadel und Schere
- für Mobile einen Ast

Anleitung

Ein ca. 20 cm langes Wollstück, nicht zu dick, (1/4 der Wollbandstärke) legen wir flach auf den Tisch und darauf ein dünnes rotes Wollfädchen, ca. 2 cm lang (Schnabel). Wir binden in der Mitte ab. Die Enden des Wollbandes werden nun aufeinander gelegt und ein Köpfchen abgebunden (siehe Zeichnung). Ein Wollband, ca. 10cm lang und in der gleichen Stärke wie zuvor, legen wir quer zwischen die beiden zusammengelegten Wollbänder (Flügel) und binden wieder ab.

Nun drehen wir das Schnäbelchen zwischen den angefeuchteten Fingerkuppen und schneiden es spitz zu (Ausnahme!). Die Enden von Flügel und Schwanz werden in Form gezupft und die Ränder zwischen den angefeuchteten Fingerspitzen gerieben. Zum Aufhängen ziehen wir einen Nähfaden durch den Rücken.

Filzbällchen
(Schneemann und Käfer)

Verwendungsmöglichkeiten
Spielball für Säuglinge und Kleinkinder
Jonglierbälle für Schulkinder

Material
- Märchenwollreste in allen Farben
- gesponnene Wolle
- flüssige Seife
- je eine Schüssel mit heißem und kaltem Wasser
- Schaumlöffel
- zwei Walnußhälften mit Steinchen oder Glöckchen
- Klebstoff oder Tesakrepp

Anleitung
Für ein Filzbällchen können wir gut alle Märchenwollreste verwenden. Zunächst formen

wir ein kleines Bällchen und wickeln es mit einem bereits gesponnenen Wollfaden fest, wie wenn man Wolle zum Knäuel wickelt. Oder wir nehmen für ein Bällchen, das rasseln soll, zwei Walnußhälften, füllen sie mit kleinen Steinchen oder einem Glöckchen, kleben sie zusammen und umgeben sie, wie oben beschrieben, mit Wolle. Nun das Bällchen sparsam mit flüssiger Seife einreiben und in den Handflächen eine ganze Weile wie einen Knödel rollen. Jetzt das Bällchen zuerst in heißes Wasser, dann mit einem Schaumlöffel in kaltes Wasser legen. Erneut umgeben wir das Bällchen mit Wolle, reiben es sparsam mit Seife ein, rollen wieder eine Weile und legen es erst in heißes und dann in kaltes Wasser. Diesen Vorgang wiederholen wir so oft, bis der Ball den gewünschten Durchmesser erreicht hat, die Wolle gut miteinander verbunden und gefilzt ist. Die letzte Wollschicht legen wir besonders sorgfältig an, damit unser Ball schön aussieht und zum Spielen anregt. Der Ball muß jetzt sehr lange trocknen. Wer einen ganz stabilen Ball haben möchte, kann ihn in ein Stofftaschentuch oder in eine Stoffserviette binden und in der Waschmaschine kochen. Dabei wird er jedoch ein bißchen kleiner.
Filzen wir nach der beschriebenen Weise drei unterschiedlich große, weiße Bälle, kann daraus ein **Schneemann** entstehen. Zunächst nähen wir die drei Bälle der Größe nach aufeinander – im größten ist ein Kieselstein eingearbeitet, der einen guten Stand ermöglicht.

Nun filzen wir den Zylinder. Dafür benötigen wir ein flaches, ca. 15 x 15 cm großes Wollstück aus der Flocke. Es kann schwarz, dunkellila oder dunkelbraun sein. Dieses Wollteil tauchen wir in heißes Wasser und seifen es ein. Zwischen den Fingerspitzen reiben wir die Wolle. Wir wiederholen den Vorgang so oft, bis sich die Wolle zu einer Filzplatte verbunden hat. Nach dem Trocknen schneiden wir einen Kreis (Durchmesser muß zur Kopfgröße des Schneemannes passen) und ein Rechteck aus. Das Rechteck rollen wir wie eine Binde auf und nähen es am Ende der Rolle fest. Nun nähen wir die Rolle auf den Kreis und fertig ist der Zylinder, der natürlich

auch am Kopf des Schneemannes festgenäht werden muß.

Aus orangefarbener Wolle filzen wir auf die gleiche Weise eine Karotte, die dann im Gesicht festgenäht wird. Für die Augen und die Knöpfe fädeln wir ein ungesponnenes schwarzes oder braunes Wollfädchen in eine Stopfnadel und sticken diese an die entsprechenden Stellen. Wer möchte, kann dem Schneemann noch aus weißer Wolle zwei Arme

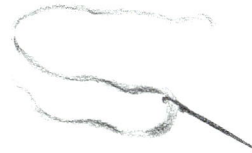

filzen und annähen. Auf jeden Fall hat er noch einen Besen aus Ginster oder ähnlichem.

Für einen **Marienkäfer** filzen wir aus roter Wolle einen 2 - 3 cm langen bohnenförmigen Körper. Gesicht und Pünktchen werden wie die Augen und Knöpfe des Schneemannes gestickt.

Zwerge (einfach)

Verwendungsmöglichkeiten
Jahreszeitentisch, Spielzeug, Mobile
«Schneewittchen und die sieben Zwerge»

Material
- ungefärbte Schafwolle in der Flocke
- Märchenwolle in der Flocke oder im Band in Erdfarben evtl. auch hellblau
- ungewaschene Schafschurwolle
- für Mobile einen knorpeligen Ast (Korkenzieherhasel oder Eiche)
- Zwirn, Nähgarn, Nähnadel, dünne Stopfnadel, Schere

Anleitung
Von der ungefärbten Schafwolle in der Flocke nehmen wir ein Stück, das etwa 10 auf 10 cm oder auch etwas kleiner ist. In die Mitte legen wir eine Wollkugel und binden ein Köpfchen ab (siehe Zeichnung). Die überstehende Restwolle zupfen und ziehen wir so zurecht, daß sie den Körper des Zwerges bildet. Wollenden und Zipfelchen stecken wir unten in die Mitte des Zwerges. Dies geht am besten, wenn wir den Körper mit der linken Hand umschließen und die Zipfelchen mit der rechten Hand zupfen, bzw. sie mit dem Zeigefinger in das Zwergeninnere stecken und dabei mit dem Zeigefinger ein wenig drehen. Etwas Geduld erfordert diese Arbeit, die sich jedoch am Ende auszahlt.

Nun brauchen wir ein nicht so dickes, ca. 15 cm langes, buntes Wollstück. Wir legen es so über den Kopf, daß das Gesicht frei bleibt und es oberhalb des Nackens etwas höher ist (Zipfelmütze). Jetzt am Hals abbinden. Die Zipfelmützenspitze nötigenfalls noch etwas nach oben ziehen und zwischen den feuchten Fingerspitzen drehen. Die bunte Wolle unterhalb des Kopfes als Mäntelchen, welches vor-

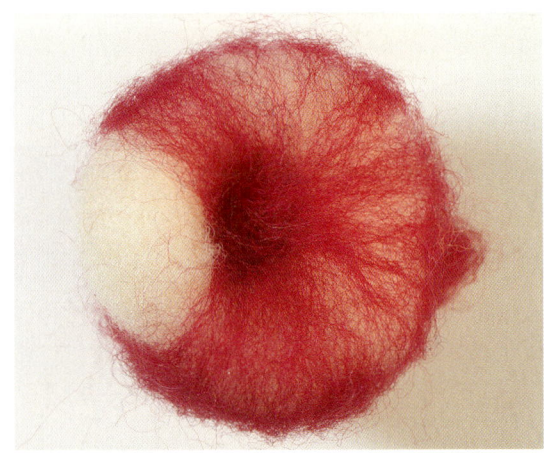

Zwerg von unten gesehen

ne ein wenig offen bleibt, auf dem Zwergen-
körper verteilen. Die Wollenden unten in die
Mitte stopfen. Wer möchte, kann aus ungewa-
schener Schafschurwolle Zipfelchen für den
Bart auswählen und annähen.
Werden die Zwerge für ein Mobile gebraucht,

nehmen wir die Stopfnadel und ziehen damit
durch Körper, Kopf und Zipfelmütze ein Fädchen zum Aufhängen. Das Fädchen kann einfach in weiß oder aber in der Farbe von Zipfelmütze und Mäntelchen gehalten sein.

Hexe

Verwendungsmöglichkeiten
Märchenfigur, Tischpuppenspiel, Zimmerschmuck im Mai

Material
- Wolle im Band
  - weiß
  - grau oder auch eine andere Farbe für die
    Haare
  - zwei Farbtöne, die Ton in Ton ineinander
    übergehen oder zumindest gut zusam-
    men passen
- dünnes Zweiglein, Bast oder braune Wolle
  für den Besen
- Nähgarn, Zwirn, Nähnadel, Schere

Anleitung
Ein 30 - 40 cm langes Stück Wolle im Band
(weiß) liegt flach vor uns. Dann teilen wir ein
20 - 30 cm langes Stück grauer Wolle und legen die Hälfte längs auf den weißen Streifen
(siehe Zeichnung). In der Mitte binden wir mit
Zwirn fest ab. Die graue Wolle lassen wir als
Haare abstehen und nehmen die helle Wolle
nach unten zusammen, so daß ein Köpfchen
entsteht. Die graue Wolle klappen wir ebenfalls zu einem Strang zusammen, ziehen sie
über dem Kopf ein wenig auseinander, und
flechten dort, wo ungefähr der Nacken ist, einen Zopf.
Nun nehmen wir von der hellen Wolle im

Band ein Viertel der Bandbreite (oder etwas
weniger) eines ca. 20 cm langen Stückes und
schieben es als Arme zwischen die beiden
Wollbänder unter den Kopf. Unterhalb der
Arme, die jetzt noch sehr dünn und lang er-
scheinen, erneut abbinden.

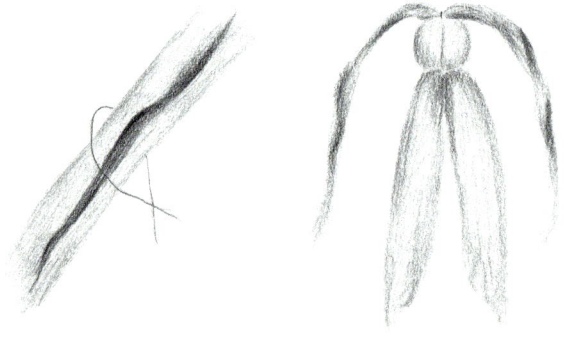

24

Jetzt brauchen wir von der bunten Wolle den dunkleren Farbton für das Kleid. Von einem Drittel der Bandbreite nehmen wir ein ca. 20 cm langes Stück. In die Mitte des Stückes bohren wir mit dem Zeigefinger ein kleines Loch, welches wir über den Kopf stülpen können. Hierbei müssen wir gut aufpassen, daß sich die bunte Wolle nicht ganz bis zum Ende aufspaltet und wir dann zwei Teile haben. Der Kopf sollte nur knapp durch das Loch passen. Die übergestülpte Wolle unter den Armen abbinden. Was von der bunten Wolle noch übersteht, wird als Kleid oder Rock über die helle Wolle verteilt.

Als nächstes nehmen wir von der helleren bunten Wolle ein Drittel der Bandbreite. Davon brauchen wir ein 20 cm langes Stück. Dieses legen wir als Tuch um den Kopf, wobei ein Teil nach vorn hängt und das andere über die Schulter nach hinten gelegt wird. Dort, wo sich das Tuch überkreuzt, befestigen wir es mit ein paar Stichen.

Für den Besen brauchen wir ein dünnes Zweiglein, an dessen Ende wir Bast oder dunkle Wolle binden. In den Schritt der Hexe, der ungefähr in der Mitte der Figur liegt, bohren wir mit dem Zeigefinger oder der Scherenspitze ein kleines Loch und schieben den Hexenbesen durch. Die dünnen, überlangen Arme wickeln wir einmal um den Besenstil, binden am Handgelenk ab und schieben den Rest der Wolle am Arm entlang in den Körper der Hexe zurück. Zum Aufhängen ziehen wir ein Fädchen in Schulterhöhe der Hexe, damit sie schräg hängt und so das Fliegen andeutet.

Tanzmädchen
(Püppchen ohne Drahtunterbau)

Verwendungsmöglichkeiten

Jahreszeitentisch (Sommerzeit), Spielzeug, Schneewittchen
(zum Stehen und als Spielzeug gedacht)

Material

- ungefärbte Schafwolle in der Flocke
- Märchenwolle in der Flocke und / oder im Band in hellen Farbtönen
- Nähgarn, Zwirn, Nähnadel, Schere

Anleitung

Wir brauchen zwei 20 - 25 cm lange, 5 cm breite Wollstränge aus der Flocke. Diese legen wir gekreuzt übereinander. Auf den Kreuzungspunkt kommt eine kleine Wollkugel. Jetzt umhüllen wir mit den vier Wollstücken

die Kugel und binden vorsichtig, damit uns die Wolle seitlich nicht wieder herunterrutscht, ein Köpfchen ab.

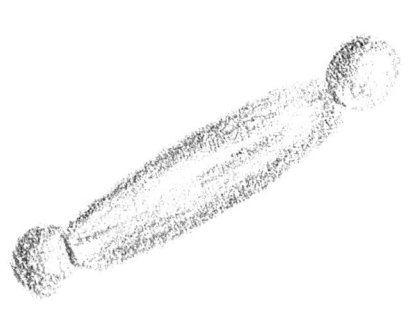

Als nächstes brauchen wir ein ca. 10 cm langes und nicht zu dickes Wollteil für die Arme. Die Enden werden für die Händchen umgebogen und abgebunden. Die Wollzipfel, die am Kopf hängen, teilen wir in zwei Hälften. Dazwischen werden die Arme gelegt und unterhalb abgebunden. Die Wolle, die uns noch für den Rock bleibt, zupfen und verteilen wir möglichst gleichmäßig, so daß keine Wollsträhnen mehr zu sehen sind. Wie beim einfachen Zwerg stecken wir die Enden in das Innere des Püppchens.

Nun braucht unser Püppchen ein Kleid. Dafür nehmen wir ein hauchdünnes Stück bunter Wolle. In die Mitte bohren wir mit dem Zeigefinger ein kleines Loch. Auch hier müssen wir wieder acht geben, daß sich die Wolle nicht bis zum Ende aufspaltet. Die übergestülpte Wolle verteilen wir auf die Schultern, um sie dann an der Taille erneut abzubinden. Dafür können wir auch ein mit der Hand aus Märchenwolle gedrehtes Fädchen nehmen, die-

ses wird dann hinten als Schleife gebunden. Die Wolle für den Rock gleichmäßig über der hellen Wolle verteilen und unten wieder einschlagen.

Für die Haare nehmen wir gelbe, rote, orangene oder hellbraune Wolle. Wir legen ein Stück, dessen Länge sich nach der gewünschten Haarlänge richtet, so über den Kopf, daß das Gesicht frei bleibt und nähen mit Steppstichen einen Scheitel. Soll die Puppe Zöpfe bekommen, nähen wir den Scheitel bis zum Nacken. Ganz gleich ob die Haare offen oder als Zöpfe getragen werden, müssen die restlichen Haare mit unsichtbaren Heftstichen in größeren Abständen am ganzen Köpfchen befestigt werden.

Engel

Verwendungsmöglichkeiten
Schutzengel über dem Bett eines Kindes,
Christbaumschmuck, Geschenkanhänger

Material
- weiße Schafwolle im Band (Neuseeländer)
- Goldkordel
- Zwirn, Nähgarn, Nähnadel und Schere

Anleitung
Ein etwa 35 - 40 cm langes Stück
weiße Schafwolle im Band
in ganzer Breite in
der Mitte abbinden,
den Restfaden für
später zum Aufhängen
dranlassen. Unterhalb der
abgebundenen Stelle legen wir
evtl. noch eine kleine Wollkugel
und binden den Kopf ab. Ein ca.
15 cm langes Stück weiße Schafwolle teilen wir in der Mitte. Die
eine Hälfte nehmen wir für die
Flügel und legen sie zwischen die
beiden Wollstücke unterhalb des Kopfes. Darauf kommen die Arme. Diese gestalten wir aus einem ca. 10 cm langen, nicht zu
dickem Wollteil, indem wir die Enden umbie-
gen und abbinden. (Ist unser Wollstück länger
geraten, müssen wir mehr einschlagen zum
Abbinden der Händchen, damit die Armlänge

zu den Proportionen des ganzen Engels paßt.)
Nun binden wir unterhalb von Flügeln und
Armen wieder ab. Das Kleid und die Flügel
zupfen wir in Form, evtl. müssen wir sie auch
kürzen. Die Flügel werden mit der Schere
(Ausnahme!) ein
wenig zurecht ge-
schnitten. Danach
müssen wir die Kan-
te zwischen den an-
gefeuchteten Finger-
spitzen reiben. Zum
Schluß binden wir mit
Goldkordel ein Kreuz über
der Brust des Engels (siehe
Zeichnung).

Püppchen mit Drahtarmen zum Hängen

Verwendungsmöglichkeiten

Alle weiblichen Figuren mit langem Rock / Kleid für Mobiles, z.B. Rotkäppchen, Dornröschen, Frau Holle, Aschenputtel

Material

- weiße Schafwolle im Band
- bunte Schafwolle im Band
- Pfeifenputzer
- Zwirn, Nähgarn, Nähnadel, Schere

Anleitung

Ein 40 cm langes Stück weiße Schafwolle im Band binden wir in der Mitte ab. Unterhalb der abgebundenen Stelle legen wir eine kleine Wollkugel, umschließen sie und binden den Kopf ab.

Für die Arme brauchen wir einen Pfeifenputzer, den wir zunächst ganz mit weißer Wolle umwickeln. Dafür nehmen wir uns hauchdünne ca. 30 cm lange Wollstückchen und beginnen an einem Ende des Pfeifenputzers. Damit uns die gewickelte Wolle an den Enden des Pfeifenputzers nicht wieder herunterrutscht, biegen wir diese einfach um und bestimmen so die Länge der Arme. Die Wolle halten wir zum Wickeln flächig und achten darauf, daß sie sich nicht zum Fädchen dreht. Sie würde sonst in Ringen um den Pfeifenputzer liegen und das wäre nicht natürlich. Deshalb wickeln wir in mehreren Schichten flächig um den Pfeifenputzer bis er die Dicke hat, die wir für die Arme brauchen, wobei wir berücksichtigen, daß der Arm am Handgelenk und Unterarm dünner ist als am Oberarm.

Am dicksten wird der Teil, der später den Brustkorb bildet.

Zum Schluß wickeln wir noch in der Farbe, die wir als Bluse oder Kleid haben möchten, wobei vorne die Hand weiß bleibt.

Die fertigen Arme legen wir zwischen die beiden Wollstücke unterhalb des Kopfes und binden wie beim Tanzmädchen unterhalb der Arme für die Taille ab. Jetzt arbeiten wir den «Unterrock» und das «Kleid» wie beim Tanzmädchen.

Soll unsere Figur eine Schürze bekommen, nehmen wir ein handgedrehtes Fädchen und schlagen in der Farbe und Breite der Schürze Wolle im Band einmal darum. Nun müssen wir die Schürze noch anziehen. Haare fertigen wir wie beim Tanzmädchen. Da die Figur für ein Mobile aufgehängt wird, kann man Rock und Kleid auch einfach nur nach unten zupfen wie beim Sterntaler.

Püppchen mit Drahtarmen zum Stehen (Schäfer und Schafe)

Figur von unten gesehen

Verwendungsmöglichkeiten

Alle stehenden Figuren, die keine Hosenbeine und keinen weiten Rock brauchen, z.B. Schäfer, Hirte, Maria und Joseph, Heilige Drei Könige

Material

- weiße Wolle im Band oder in der Flocke
- bunte Wolle im Band oder in der Flocke
- Pfeifenputzer
- Zwirn, Nähgarn, Nähnadel, Schere

Anleitung

Wir nehmen ein 30 - 40 cm langes Stück Wolle im Band oder in der Flocke und binden es in der Mitte ab. Eine kleine Wollkugel legen wir unterhalb der abgebundenen Stelle und binden den Kopf ab.

Die Arme gestalten wir aus einem Pfeifenputzer, der mit weißer Wolle umwickelt wird, wie in der Anleitung «Püppchen mit Drahtarmen zum Hängen» bereits beschrieben. Für den Körper brauchen wir die restliche Wolle unterhalb der Arme. Zunächst müssen wir die Höhe der fertigen Figur festlegen (die Körperhöhe entspricht ungefähr viermal der Kopfgröße). Die darüberhinaus reichende Wolle stecken wir in das Innere des Püppchens (siehe Foto). Nun wickeln wir in dünnen Schich-

ten flächig, parallel zu den ausgestreckten Armen bis zu den unsichtbaren Füßen. Wir wikkeln so lange, bis die Figur den gewünschten Körperumfang hat, wobei die letzte Schicht in der Farbe, die das Kleid haben soll, gewickelt wird, genau wie bei den Armen auch.

Von der jeweiligen Funktion der Figur hängt die weitere Ausgestaltung ab. Zum Beispiel hat Maria ein rotes Kleid und einen langen, weiten, blauen Mantel mit Kapuze. Ihre Haare sind blond. Der Joseph hat ein lila Kleid und einen braunen Mantel und Hut. Seine Haare und sein Bart sind grau. Die heiligen drei Könige haben ein weißes Kleid und einen roten, grünen oder blauen Mantel. Ihre Haare sind blond, schwarz und grau. Mit Goldfaden können kleine Stickereien an Kleid oder Mantel angebracht werden. Ihre Kronen und Geschenke werden aus goldfarbener Wolle oder Goldpapier gearbeitet.

Wollen wir einen Schäfer herstellen, geben wir ihm ein mittelbraunes, sackfarbenes Kleid. Sein Mantel ist moosgrün. Dafür nehmen wir ein Stückchen Wolle, welches zweimal der Höhe des Körpers ohne Kopf entspricht. Die Hälfte der Wolle spalten wir in der Mitte auf, so daß wir einen Mantel oder Umhang über Schultern und Arme des Schäfers legen können. Die Enden und Zipfelchen legen wir als Mantelsaum nach innen und reiben die Kante zwischen den angefeuchteten Fingerspitzen.

Haare und Bart des Schäfers sind aus ungekämmter natur- oder braunfarbener Schafwolle. Diese legen wir in kleine Schlaufen und nähen sie an der Bruchstelle am Kopf und für den Bart an den entsprechenden Stellen im Gesicht fest.

Für den Hut nehmen wir braune oder grüne Wolle in der Flocke. Diese zupfen wir zu einer ca. 10 x 10 cm großen Platte und tauchen sie in möglichst heißes Wasser. Dann seifen wir das Wollstück gut ein und reiben es zwischen den Fingerspitzen. Dabei arbeiten wir in die Mitte eine kleine Ausbuchtung. Vorsicht! Es darf dabei kein Loch entstehen. Gegebenenfalls müssen wir noch einmal eine Schicht Wolle darüber geben. Den Vorgang wiederholen wir so oft, bis die Wolle schön zusammenhält, bis sie gefilzt ist. Nach dem Trocknen schneiden wir unsere Filzplatte rund, so daß die Ausstülpung möglichst in der Mitte ist. Unseren fertigen Filzhut nähen wir

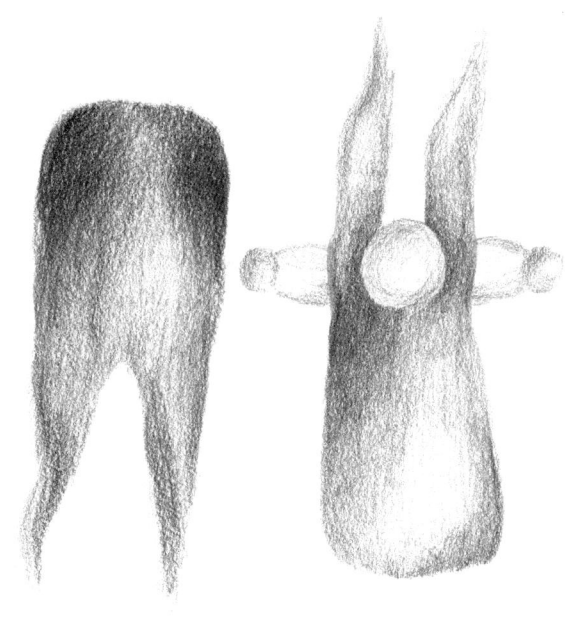

mit wenigen Stichen am Kopf des Schäfers fest.

Nun braucht er noch einen Hütestock, den wir an einer Hand festnähen und eine Hirtentasche. Dafür nehmen wir ein dunkelgrünes Wollstreifchen und legen es zu einer Tasche, die wir an den Seiten zunähen (siehe Zeichnung). Als Knopf können wir eine Knospe eines Baumes oder ein Holzstückchen nehmen. Mit einem langen Trageriemen, der an der Ta-

Unterbau eines Schafes

sche festgenäht ist, hat sie der Schäfer über die Schultern gehängt.

Was wäre ein Schäfer ohne **Schafe**. Diese werden wie folgt gearbeitet:

Aus Pfeifenputzer biegen wir mehrere Schäfchenformen nach unserer Abbildung. Wir beginnen mit weißer Wolle hauchdünn den Pfeifenputzer am Maul des Kopfes zu umwickeln und dann den Kopf selbst. Als nächstes wickeln wir eine Schicht am Ende eines jeden Beines, biegen ca. 1 cm um, damit die Wolle nicht abrutschen kann, wickeln noch einmal darüber und arbeiten danach das ganze Bein. Wir achten darauf, daß das Bein am Fuß dünner ist als am Schenkel und die Hinterbeine dicker als die Vorderbeine sind. Nun wickeln wir vom Kopf zum Hals und den ganzen Körper des Schäfchens. Für die Ohren und den Schwanz fädeln wir ein dünnes Stückchen Wolle durch eine Stopfnadel und ziehen es an den entsprechenden Stellen durch das

Schäfchen. Die Enden schneiden wir mit der Schere (Ausnahme!) in Form und drehen sie zwischen den angefeuchteten Fingerspitzen. Zum Schluß biegen wir das Schäfchen in eine möglichst naturgetreue Haltung. Dafür haben wir viele Möglichkeiten: liegend, stehend, den Kopf in unterschiedliche Richtung drehend, fressend usw.

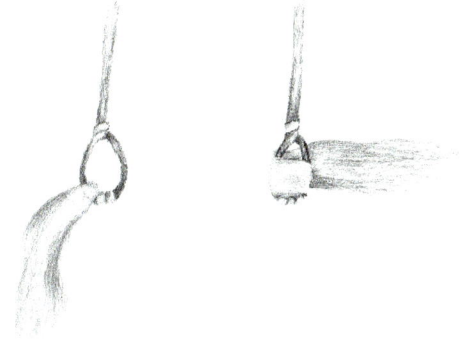

Wickeltechnik

Püppchen mit Drahtkorpus als weibliche Figur

Verwendungsmöglichkeiten

Alle weiblichen Figuren mit langem Rock, die stehen können und größer als die Tanzmädchen sein sollen, z.B. für ein Tischpuppenspiel.

Material

- weiße Schafwolle im Band
- bunte Schafwolle im Band
- Pfeifenputzer
- Zwirn, Nähgarn, Nähnadel, Schere

Anleitung

Zunächst fertigen wir einen Kopf wie in Anleitung «Püppchen mit Drahtarmen» beschrieben. Dann biegen wir aus Pfeifenputzer den Drahtkorpus nach der vorgegebenen Abbildung als Stütze für unsere Wollpuppe. Dafür

Überstehende Wolle wird unten eingeschlagen

benötigen wir acht Pfeifenputzer: Einen für die Arme, einen für den Oberkörper, zwei als Reifrock und vier um den Reif mit dem Oberkörper zu verbinden.

Bei unserem Drahtunterbau umwickeln wir als erstes die Arme hauchdünn mit weißer Wolle im Band (siehe Püppchen mit Drahtarmen). Unbedingt müssen wir darauf achten, daß die Wolle beim Wickeln flächig bleibt und sich nicht zum Fädchen dreht, was durch das Wickeln leicht entsteht.

Nun befestigen wir den Kopf am Rumpf, indem wir die Arme zwischen die beiden Wollstücke unterhalb des Kopfes legen und dann darunter und in der Taille fest abbinden. Die übrige Wolle wird als Unterrock über dem Drahtgestell verteilt und unten in das Innere der Puppe gesteckt.

Als nächstes brauchen wir von der bunten

Unterbau einer weiblichen Figur

34

Wolle ein ca. 20 - 30 cm langes Stück in der Farbe, die das Kleid haben soll. In die Mitte des Stückes bohren wir mit dem Zeigefinger ein kleines Loch, welches wir über den Kopf stülpen können. Dabei achten wir darauf, daß der Kopf nur knapp durch das Loch paßt und sich die Wolle nicht ganz aufspaltet. Die bunte Wolle binden wir unterhalb der Arme ab. Die restliche überstehende Wolle wird als Rock über der hellen Wolle verteilt und unten eingeschlagen. Haare fertigen wir wie beim Tanzmädchen an.

Püppchen mit Drahtkorpus als männliche Figur

Verwendungsmöglichkeiten

Alle männlichen Figuren mit Hosen, auch zum alleine Stehen, z.B. Zwerge, Traummännchen, Hans im Glück, Fingerhütchen, Nils Holgerson

Material

- weiße Schafwolle im Band
- bunte Schafwolle im Band
- Pfeifenputzer
- evtl. Bleiband
- Zwirn, Nähgarn, Nähnadel, Schere

Anleitung

Den Kopf fertigen wir wie in der Anleitung «Püppchen mit Drahtarmen» beschrieben. Danach stellen wir nach der vorgegebenen Abbildung den Drahtkorpus her. Es werden

Unterbau einer männlichen Figur

dafür 4 - 5 Pfeifenputzer gebraucht: Einer für die Arme, einer für den Oberkörper und den Bauch und zwei für die Beine mit Füßen bzw. Schuhen. Soll die Figur alleine frei stehen können, brauchen wir einen fünften Pfeifenputzer, der hinten einen Knöchel mit dem anderen verbindet, als Stütze (siehe Abbildung).

Genau wie bei der weiblichen Figur beginnen wir auch hier mit dem hauchdünnen Umwikkeln der Arme mit weißer und dann mit bunter Wolle. Wieder wickeln wir die Wolle flächig und in mehreren Schichten bis wir die gewünschte Armdicke (Handgelenk und Unterarm dünner, Oberarm dicker) erreicht haben (siehe Püppchen mit Drahtarmen).

Wie bereits bei der weiblichen Figur beschrieben, befestigen wir den Kopf am Rumpf, indem wir die Arme zwischen die beiden Wollstücke unterhalb des Kopfes legen und dann darunter fest abbinden. Die übrige Wolle verbleibt als Oberkörper und Bauch. Dafür schlagen wir die Wolle ein. Möglicherweise müssen wir noch etwas Wolle wegzupfen, damit die Figur nicht zu dick wird. Zuerst wickeln wir mit Nähgarn den Oberkörper fest (siehe Abbildung), dann wird dieser mit bunter Wolle in der Farbe des Pullovers von der Taille bis unter die Achseln umwickelt. Damit auch der Schulterbereich mit bunter Wolle bedeckt ist, müssen wir diagonal wickeln, d.h. von der rechten Achsel zur linken Schulter.

Bei den Beinen beginnen wir mit den Füßen bzw. Schuhen. Dafür umwickeln wir zunächst den Pfeifenputzer selbst an der «Schuhspitze» und dann den ganzen Schuh in Querrichtung (s. S. 33, Wickeltechnik). Die Reste können am Bein hochgewickelt werden. So ist sichergestellt, daß der «Schuh» nicht wieder aufgeht.

Soll die Figur ganz alleine stehen können, kann der «Schuh» mit Bleiband ausgefüllt und dann mit bunter, möglichst dunkler Wolle umwickelt werden. Eine weitere Möglichkeit, um einen sicheren Stand zu erreichen, ist das Anbringen eines weiteren Pfeifenputzers im Bogen von einem Knöchel zum anderen. Diesen Pfeifenputzer umwickeln wir auch in der Farbe der Schuhe oder in weiß.

Nun werden die Beine in der Farbe der Hosen umwickelt, wobei auch hier die Waden etwas dünner bleiben als die Oberschenkel. Auch Gesäß und Schritt umwickeln wir bis zum Pullover, um die Hose zu vervollständigen.

Je nachdem was unsere Figur darstellen soll, bekommt sie noch einen Umhang, eine ärmellose Weste oder einen Poncho. Dafür nehmen wir ein Stückchen bunte Wolle, welches wir über den Kopf stülpen und evtl. in der Taille abbinden oder einfach über die Schultern legen.

Zum Schluß kommt die Frisur und die Kopfbedeckung. Die Haare fertigen wir wie beim Tanzmädchen. Aus bunter Wolle formen wir entsprechend der Figur Hüte oder Mützen (Jägerhut, Zwergenmütze usw.), deren Form wir durch kleine Stiche mit einem Fädchen stabilisieren und auf dem Kopf festnähen.

Braucht unsere Figur noch einen Bart (Zwerg oder alter Mann), nehmen wir dafür ungesponnene naturfarbene Schafwolle oder Wolle in der Flocke. Sie wird in Schlaufen gelegt und an der Bruchstelle im Gesicht festgenäht.

Mobiles

Traummännchen

Material
- Wolle im Band:
  weiß / mittleres und helleres Blau / gedecktes Rot und bordeauxrot / dunkelbraun
- Schafwolle zum Ausstopfen (Resteverwertung!)
- ungekämmte Schafwolle (Bart)
- Pfeifenputzer
- gelber Filz
- Restchen Seide oder dünnen Stoff
- Nähgarn, Zwirn, Nähnadel, Schere, evtl. Nähmaschine

Anleitung:

Wir brauchen als erstes ein Püppchen mit Drahtunterbau «Männliche Figur». Dieses Püppchen hat ein Hemd aus hellerem Blau, eine Hose aus dunklerem Blau und einen ärmellosen, knielangen Überwurf aus hellerem Rot, sowie dunkelbraune Schuhe. Für den Überwurf nehmen wir ein Stückchen Wolle, in dessen Mitte wir mit dem Finger ein kleines Loch bohren, um es über den Kopf zu stülpen und mit einem gedrehten Wollfädchen an der Taille abzubinden.

Für den Bart und die Haare nehmen wir ungekämmte Schafwolle. Diese zupfen wir in kleine Strähnchen, legen sie Ende auf Ende und nähen sie am Bruch als Bart und Haare (Haarkranz an Stirn und Nacken genügen) am Kopf fest.

Jetzt bekommt unser Traummännchen eine Mütze. Dafür legen wir ein Wollstück in bordeauxrot ähnlich wie ein Stirnband um den Kopf, so daß die Haare in Stirn und Nacken noch zu sehen sind. Mit kleinen, unsichtbaren Stichen befestigen wir das Band rund um den Kopf über dem Haarkranz. Die überstehende Wolle formen wir zu einer Zipfelmütze, indem wir alles in das Mützeninnere drükken und mit einer Naht vom Nacken bis zur Mützenspitze in unsichtbaren Stichen zusammennähen. Dies erfordert ein bißchen Mühe und Übung und gelingt nicht unbedingt beim ersten Mal.

Für das Säckchen brauchen wir einen 5 - 8 cm großen Kreis aus Seide oder dünnem Stoff. Diesen fassen wir mit Heftstichen ein, füllen ihn mit einem Edelstein und ziehen ihn fest zusammen. Das fertige Säckchen nähen wir dem Traummännchen an einer Hand fest.

Mond und Sterne malen wir nach unserem Schnittmuster auf gelbem Filz auf und schneiden sie aus. Jeweils zwei gleiche Teile legen wir aufeinander und nähen (Nähmaschine oder Hand) mit Steppstichen am Rand entlang, wobei wir eine Öffnung von ca. 6 - 7 cm beim Mond und 2 cm bei den Sternen lassen, um sie auf die andere Seite wenden zu

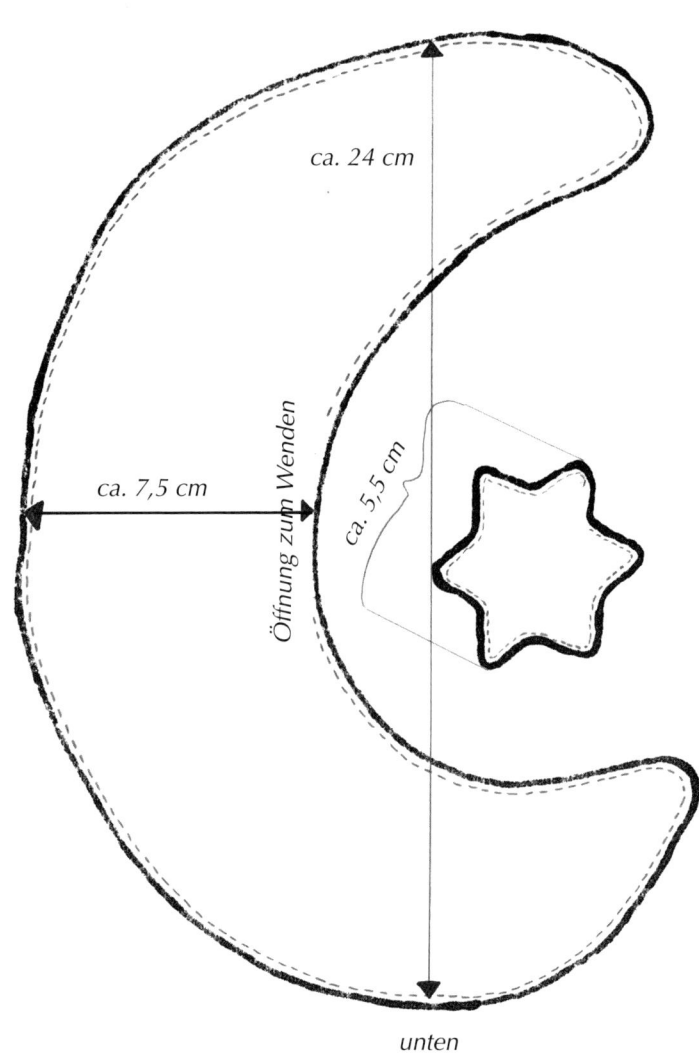

ca. 24 cm

ca. 7,5 cm

Öffnung zum Wenden

ca. 5,5 cm

unten

können, damit die Naht im Inneren verschwindet. Mond und Sterne füllen wir mit Schafwollresten und schließen mit einem Matratzenstich die restliche Naht.

Nun können wir unser Traummännchen in die Mondsichel setzen und mit ein paar unsichtbaren Stichen festnähen. Es bleibt nur noch, die Sterne mit Fädchen am Mond zu befestigen und aus Zwirn eine Aufhängung am Mond anzubringen.

Rotkäppchen

Material

- Wolle im Band:
  weiß / kräftiges Rot / gelb (auch in der
  Flocke möglich) / tannengrün / dunkel-
  braun
- kleines Henkelkörbchen
  (Durchmesser 2 cm)
- Pfeifenputzer
- Zweig zum Aufhängen
- Nähgarn, Zwirn, Nähnadel, Stopfnadel,
  Schere

Anleitung

Nach der Anleitung «Püppchen mit Drahtarmen zum Hängen» stellen wir eine weibliche
Figur her. Unser Rotkäppchen hat ein tannen-
grünes, langärmeliges Kleid und eine weiße
Schürze an. Die Haare sind aus gelber Wolle.
Auf dem Kopf trägt es eine rote Kappe. Dafür
nehmen wir ein rotes Wollstreifchen und legen es in der Mitte zusammen. Eine der beiden offenen Seiten nähen wir vom Bruch aus
soweit zusammen wie der Kopf hoch ist (siehe Abbildung). Das rote Käppchen setzen wir
auf den Kopf und binden es mit den überstehenden Wollzipfeln zusammen.

Das Rotkäppchen hält in einer Hand einen
Henkelkorb und in der anderen einen Blumenstrauß. Für den Blumenstrauß nehmen
wir verschiedenfarbige Wollreste. Wir brauchen jeweils ein kleines Restchen von 3-5 cm

Länge, welches wir erst zwischen Zeigefinger
und Daumen zu einem Fädchen drehen und
dann soweit überdrehen, daß es sich ganz
verwirrt. Mit mehreren Stichen durchstechen
wir das «Blümchen» oder «Röschen», so daß
es sich nicht mehr aufdrehen kann. Mehrere
solcher Blumen fügen wir zu einem Strauß
zusammen. Zwischen die Blüten legen wir
ein- bis zweimal eine grüne Wollschleife als
Blumengrün. Den fertigen Blumenstrauß bekommt das Rotkäppchen in die andere Hand.

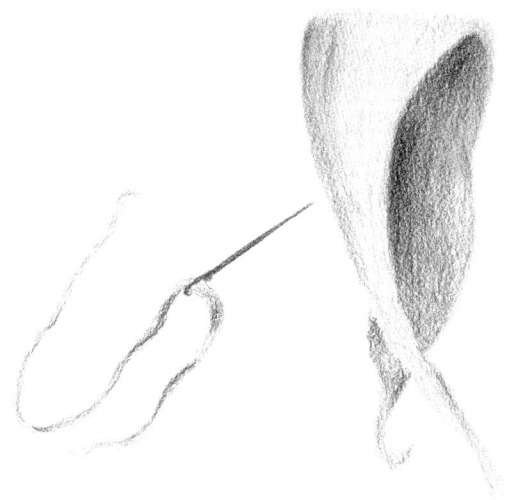

Für den Wolf brauchen wir einen Drahtunterbau aus Pfeifenputzern, den wir nach unserer Abbildung herstellen. Wir beginnen mit dunkelbrauner Wolle an den Fußspitzen. Zuerst umwickeln wir hauchdünn den Pfeifenputzer, biegen die Spitze um, damit die Wolle nicht herunterrutschen kann und wickeln dann noch bis zum Oberschenkel des Beines. Dabei achten wir darauf, daß Fuß und Unterschenkel dünner sind als die Oberschenkel. Den Fuß biegen wir dann ein wenig nach vorne wie es auf dem Bild gut zu sehen ist.

Als nächstes umwickeln wir den Pfeifenputzer an der Schnauze des Kopfes, dann den Kopf, den Hals und den übrigen Körper. Für die Ohren ziehen wir ein kleines Stückchen unserer braunen Wolle durch eine Stopfnadel und stechen dort durch den Kopf, wo die Ohren sitzen sollen. Das durchgezogene Wollfädchen schneiden wir mit der Schere (Ausnahme!) spitz in der gewünschten Ohrlänge zu. Für die Zunge ziehen wir ein rotes Wollfädchen Märchenwolle durch die Stopfnadel. Wir stechen an der Schnauze in den Kopf und lassen das eine Ende als «Zunge» aus dem Maul heraushängen. Das andere Ende ziehen wir mit der Stopfnadel durch Kopf und Rumpf des Wolfes. Nun braucht der Wolf noch einen Schwanz. Dafür ziehen wir wieder ein dunkelbraunes Stückchen Märchenwolle durch die Stopfnadel und stechen am Rumpfende in den Körper ein.

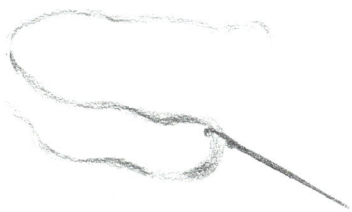

Das Rotkäppchen und der Wolf werden mit Fädchen an einem Zweig befestigt.

Die sieben Raben

Die sieben Raben fertigen wir nach der Anleitung «Vögelchen» an, jedoch in schwarzer Wolle und kleiner. Ein fertiger Rabe hat dann ca. 3 – 5 cm Länge. Die Raben müssen nicht alle sieben gleich groß sein, denn sie sind ja Brüder unterschiedlichen Alters.

Das zarte Schwesterchen wird nach der Anleitung «Püppchen mit Drahtarmen zum Hängen» hergestellt. Genau wie beim Sterntalermädchen gestalten wir auch hier Gesicht und Hände aus hautfarbener Wolle. Dafür legen wir einen Hauch hautfarbener Wolle auf die weiße Wolle und binden dann ab. Alles andere wird wie in der Anleitung beschrieben gearbeitet.

Das Schwesterchen der sieben Raben hat ein weißes, langärmeliges Kleid und lange, blonde, offene Haare. Es ist sehr zart. Umgeben ist das Schwesterchen von den sieben Brüdern, die noch in Rabengestalt sind und mit schwarzen Fäden befestigt werden.

Material

- Wolle im Band:
  schwarz / weiß / hellgelb / hautfarben / rot
- Zweig zum Aufhängen
- Pfeifenputzer
- Nähnadel, Zwirn, Nähnadel und Schere

Hans im Glück

Material

- Wolle im Band:
  weiß / gelb (evtl. in zwei Farbtönen) /
  rostbraun / helles Moosgrün (gelbgrün) /
  leuchtendes Rot / dunkelbraun / Fitzelchen
  orangerot
- Pfeifenputzer
- Ästchen oder Zweig zum Aufhängen der
  Figur
- Nähgarn, Zwirn, Nähnadel, Schere

Anleitung

Den Hans gestalten wir als Püppchen mit
Drahtunterbau «Männliche Figur». Er hat eine
rote Baskenmütze – wird aus roter Wolle in der
Hand geformt und dann auf den Haaren am
Kopf unsichtbar angenäht –, hellgelbe Haare,
ein gelbes Hemd, rostbraune Hosen, einen ärmellosen, gut über den Po reichenden moosgrünen Überwurf und braune Schuhe.

Für die Gans, die er unter dem Arm trägt,
brauchen wir zwei Pfeifenputzer, die nach
unserer Abbildung gebogen sind (siehe die
Zeichnungen auf S. 51). Wir beginnen mit
orangerot den Schnabel hauchdünn zu wikkeln. Zunächst wickeln wir eine Schicht am
Ende des Pfeifenputzers, dann biegen wir ihn
ca. 1 cm um und wickeln noch einmal darüber, jedoch nicht bis ganz an den Anfang,
damit uns die Wolle nicht herunter rutscht.

Genauso machen wir es mit den beiden
Füßen und dunkelgelber Wolle.

An der Biegung des Pfeifenputzers, wo einmal
das Hinterteil der Gans ist, umwickeln wir ein
wenig den Pfeifenputzer hauchdünn mit weißer Wolle. Nun wickeln wir im Anschluß an
den Schnabel den Kopf, den Hals (lang und
schlank) und gehen zum übrigen Körper über
bis zum «Schwanz». Wir wickeln in mehreren
dünnen Schichten, bis die gewünschte Dicke
erreicht ist. Dann biegen wir Kopf und Füße
so, wie es der Form einer Gans entspricht.

Die fertige Gans bekommt der Hans im Glück
unter den Arm (evtl. mit wenigen Stichen festnähen). Zum Schluß wird der Hans mit einem
Fädchen am Mobileast festgebunden.

Gänsemagd

Material
- Wolle im Band:
  weiß / goldgelb / zartes Grün und
  ein etwas kräftigeres Grün / orangerot
- Pfeifenputzer
- Ästchen oder Zweig zum Aufhängen
- Nähgarn, Zwirn, Nähnadel, Schere

Anleitung

Als Gänsemagd nehmen wir ein «Püppchen
mit Drahtarmen zum Hängen». Sie hat eine
weiße Bluse (= Arme), ein grünes Kleid, eine
weiße Schürze und goldgelbe Zöpfe. In der
Hand hält sie einen Hütestock. Aus etwas
kräftigerem Grün legen wir ihr ein Stückchen
Wolle als Schultertuch um die Arme und nähen es mit wenigen Stichen über der Brust
fest.

Die Gänsemagd hütet mindestens fünf Gänse,
die nach der Anleitung bei Hans im Glück
gearbeitet werden. Gänsemagd und Gänse
werden so am Zweig mit Fädchen befestigt,
daß alle sich noch frei drehend bewegen können.

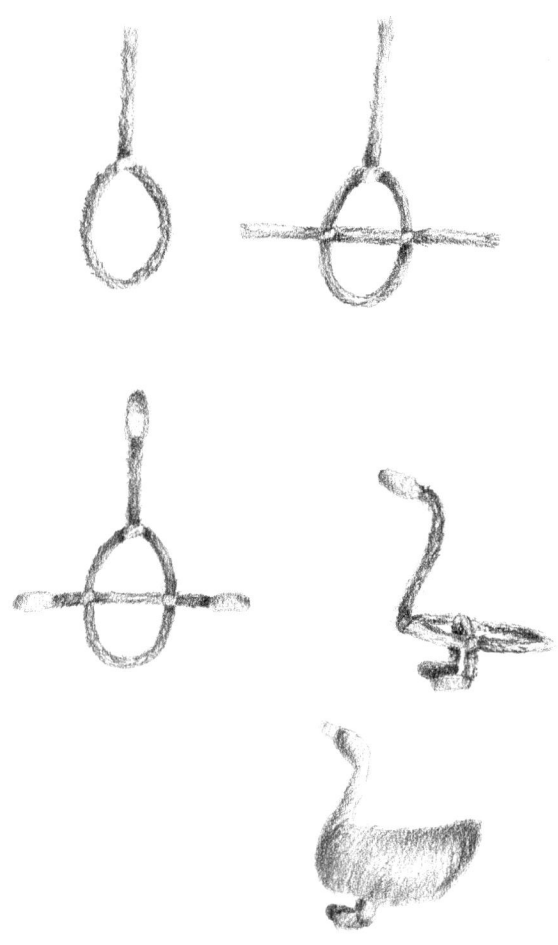

Dornröschen

Material

- Wolle im Band:
  weiß / rosenrot / grün / goldgelb
- Zweig
- Pfeifenputzer
- Nähgarn, Zwirn, Nähnadel, Schere

Anleitung

Für das Dornröschen brauchen wir ein «Püppchen mit Drahtarmen zum Hängen». Gekleidet ist es mit einem langärmeligen rosenroten Kleid. Seine goldgelben Haare sind zu zwei Zöpfen geflochten.

Um die Stirn trägt es ein Band, welches aus einem grünen und einem rosenroten miteinander verdrehten Wollfädchen besteht. Es ist am Hinterkopf verknotet und mit kleinen Stichen am ganzen Kopf befestigt.

In der Hand hält es einen Rosenstrauß. Auch am Zweig sind an mehreren Stellen Röschen angebracht, die wie beim Rotkäppchen beschrieben hergestellt werden.

Aschenputtel

Material
- Wolle im Band:
  weiß / graublau, wenn möglich mit seiden-
  glanz / goldgelb / dunkelbraun / rot
- ein Haselreis
- Pfeifenputzer
- Nähgarn, Zwirn, Nähnadel, Schere

Anleitung:

Zunächst fertigen wir ein «Püppchen mit Drahtarmen zum Hängen». Es hat eine weiße Bluse, einen graublauen Rock und eine weiße Schürze. Die Haare sind zu zwei langen Zöpfen geflochten.

In der einen Hand hält Aschenputtel eine Schale. Dafür nehmen wir dunkelbraune Märchenwolle, drehen sie zu einem Fädchen, legen es schneckenhausförmig zusammen und nähen es fest. Es ist hilfreich, wenn wir im Wechsel nähen und zwirbeln (siehe Zeichnung).

Umgeben ist Aschenputtel von kleinen Täubchen, die nach der Anleitung «Vögelchen», nur wesentlich kleiner, gearbeitet werden. Ein Täubchen sitzt sogar auf dem Arm des Aschenputtel.

Elfenreigen

Die Elfen werden nach der Anleitung «Engel», jedoch ohne Goldkordel, hergestellt.

Haben wir 9 oder 12 Elfen fertig, beginnen wir mit dem Aufhängen am Reifen. Dieser ist beim Sterntaler beschrieben. Zum Aufhängen benutzen wir ein Fädchen in der jeweiligen Farbe der Elfe. Die hellste Elfe, also die hellgelbe, bekommt das kürzeste Fädchen und wird am Reifen festgebunden. Dann kommt die Elfe im mittleren Gelbton. Ihr Fädchen ist etwas länger als das der ersten. Im Folgenden werden von Elfe zu Elfe die Fädchen zum Aufhängen immer länger und die Farben immer dunkler. Alle 9 oder 12 Elfen sind gleichmäßig um den Reifen herum verteilt und tanzen spiralenförmig im Kreis.

Material
- Wolle im Band
  - drei zusammenpassende Gelbtöne
  - drei zusammenpassende Rottöne
  - drei zusammenpassende Grüntöne und/oder
  - drei zusammenpassende Blautöne
- Birkenreisig
- Blumendraht
- Nähgarn, Zwirn, Nähnadel, Schere

Rumpelstilzchen

Material
- Wolle im Band:
  weiß / dunkelgrün / giftgrün / dunkel-
  braun / mittel- bis dunkelrot
- Wolle in der Flocke:
  feuerrot (Haare) / grün (Mütze)
- Pfeifenputzer
- Zweig zum Aufhängen
- Nähgarn, Zwirn, Nähnadel und Schere

Anleitung

Wir brauchen für das Rumpelstilzchen ein «Püppchen mit Drahtkorpus als männliche Figur». Es hat dunkelbraune Schuhe, dunkelgrüne Hosen, mittel- bis dunkelrotes Hemd (Arme!) und einen giftgrünen Überwurf. Die Haare und der Bart sind feuerrot und die ganz lange Zipfelmütze grün. Durch den Drahtkorpus haben wir die Möglichkeit, dem Rumpelstilzchen eine hüpfende Bewegung zu geben.

Nils Holgersson

Material

- Wolle im Band:
  weiß / rotorange / gelb / hellblau /
  hellgrün
- Wolle in der Flocke:
  gelb (Haare) / rot (Mütze)
- Pfeifenputzer
- Zweig, leicht und luftig, geeignet wäre
  Birke
- Nähgarn, Zwirn, Nähnadel, lange Stopf-
  nadel und Schere

Anleitung

Da Nils Holgersson ein sehr kleiner Junge ist,
nehmen wir für das «Püppchen mit Drahtkorpus als männliche Figur» nur die halbe Länge
eines Pfeifenputzers. Sonst wird nach dieser
Anleitung gearbeitet. Nils hat rotorange Schuhe, hellblaue Hosen, ein gelbes, langärmeliges Hemd und einen hellgrünen Umhang.
Seine Haare sind gelb und seine lange Zipfelmütze ist rot.

Damit die Gans unseren Nils gut tragen kann,
gestalten wie sie größer als bei der Anleitung
«Hans im Glück» angegeben. Anstatt eines
Pfeifenputzers nehmen wir drei, einen für
Kopf und Hals und zwei für den Körper. Beine
bekommt diese Gans nicht. Für die Flügel
nehmen wir ein Stückchen weiße Wolle im
Band, fädeln es in eine lange Stopfnadel und
ziehen sie dort, wo die Flügel einer Gans sitzen, durch den Körper. Die Kante der Flügel
schneiden wir mit der Schere (Ausnahme!).
An der Schnittstelle reiben wir die Wolle zwischen unseren angefeuchteten Fingern. Die
Flügel stabilisieren wir gut mit Haarspray.
Wer möchte, kann aus grauer Wolle einige
Wildgänse herstellen, die den Nils umgeben.
Nils sitzt zwischen den Flügeln der Gans und
hält sich am Hals fest. Sicherheitshalber können wir ihn mit wenigen Stichen festnähen.

Um die Gans am Zweig zu befestigen, brauchen wir zwei Fäden, einen am Halsbereich
und einen am Ende der Gans.

Hänsel und Gretel

Material

- Wolle im Band:
  weiß / hellbraun / mittelbraun / moosgrün
  (hell + dunkel)
- Wolle in der Flocke: gelb
- Pfeifenputzer
- Birkenreisig
- Zweig zum Aufhängen
- Nähgarn, Zwirn, Nähnadel und Schere

Anleitung

Unser Hänsel entsteht nach der Anleitung «Püppchen mit Drahtkorpus als männliche Figur». Hänsel ist barfuß, d.h. seine Füße werden in weiß wie seine Hände und sein Gesicht gearbeitet. Die Hose des Hänsel ist mittelbraun und sein langärmeliger Kittel ist hellbraun. Er hat schulterlanges blondes (gelbes) Haar. Im Arm hält er ein Reisigbündel.

Gretel wird nach der Anleitung «Püppchen mit Drahtarmen zum Hängen» gefertigt. Sie ist mit einem moosgrünen Kleid und einem grünen Schultertuch gekleidet. Ihre blonden Haare sind zu zwei Zöpfen gebunden.

Wer möchte, kann drei bis fünf weiße Täubchen (siehe Aschenputtel) zu Hänsel und Gretel an den Zweig hängen.

Schneeweißchen und Rosenrot

Material

- Wolle im Band:
  weiß / braun / grün / rosenrot (altrosa) /
  gelb (evtl. auch als Wolle in der Flocke)
- Pfeifenputzer
- Zweig zum Aufhängen
- Nähgarn, Zwirn, Nähnadel und Schere

Anleitung

Schneeweißchen und Rosenrot werden jeweils als «Püppchen mit Drahtarmen zum Hängen» gearbeitet. Schneeweißchen hat ein weißes Kleid und eine rosenrote Schürze mit Trägern an. Seine Haare sind blond (gelb), lang und offen. Ein grünes und ein rotes Wollfädchen werden zu einem «Stirnband» gedreht und am Kopf mit unsichtbaren Stichen befestigt. In einer Hand hält Schneeweißchen einen Rosenstrauß, der nach der Anleitung bei Dornröschen hergestellt wird.

Rosenrot hat ein rosenrotes Kleid mit langem Arm und eine weiße Halbschürze an (siehe Gänsemagd). Die braunen Haare sind zu zwei langen Zöpfen geflochten und mit zwei Schleifen gebunden. Auf dem Stirnband sind kleine Röschen aufgenäht (Anleitung siehe Rotkäppchen).

Schneeweißchen und Rosenrot werden jeweils mit einem Fädchen am Zweig befestigt.

Sterntaler

Material
- Wolle im Band:
  weiß / hautfarben / goldgelb
- Pfeifenputzer
- Streusterne in zwei verschiedenen Größen
- Klebestift
- Goldkordel
- Birkenreisig
- Blumendraht
- Nähgarn, Zwirn, Nähnadel und Schere

Anleitung

Als Sterntaler brauchen wir ein «Püppchen mit Drahtarmen zum Hängen». Gesicht und Hände gestalten wir jedoch mit hautfarbener Wolle und nicht wie bisher nur mit weißer Wolle. Unser Sterntalermädchen trägt ein weißes Kleid. Es würde sich von Gesicht und Händen nicht hervorheben, wenn diese in der gleichen Farbe wären.

Für das Gesicht legen wir einfach vor dem Abbinden einen Hauch hautfarbener Wolle auf die weiße Wolle und arbeiten genauso wie in der Anleitung «Püppchen mit Drahtarmen» beschrieben. Die Hände wickeln wir ganz aus hautfarbener Wolle und die Arme aus weißer Wolle für das «weiße Kleid».

Das Sterntalermädchen hat lange goldgelbe, offene Haare. Ein Stückchen Goldkordel dient als Stirnband.

Zum Aufhängen brauchen wir einen Reif mit ca. 15 cm Durchmesser. Dafür nehmen wir 1 - 2 Birkenreisig, drücken und formen sie zu einem Reif, den wir mit Blumendraht umwikkeln und befestigen. An drei Stellen des Reifes befestigen wir drei ca. 30 - 40 cm lange Fädchen. Zu diesen drei Fädchen nehmen wir das, an dem das Sterntalermädchen hängt und verknoten die Enden. Halten wir nun den Knoten fest, kann sich das Sterntalermädchen frei unterhalb des Reifens drehen.

Umgeben ist das Mädchen von den Sternen, die vom Himmel gefallen sind. Dafür brauchen wir fünf Fädchen von 20 - 30 cm Länge. Jeweils zwei von den größeren Streusternen kleben wir mit einem Klebestift zusammen, wobei das Fädchen dazwischen liegt. An einem Fädchen sind drei bis vier Sternenpaare zusammengeklebt.

Zum Schluß nehmen wir die kleinen Streusterne und streuen sie über die Haare und die Kleidung des Sterntalermädchens. Der größte Teil der Sterne wird sich an der Wolle verhaken und auch ohne Klebstoff hängen bleiben.

Frau Holle

Material

- Wolle im Band:
  weiß / mittleres und ein etwas dunkleres Blau (aber nicht dunkelblau) / grau
- Wolle zum Stopfen
- Pfeifenputzer
- weiße Seide oder dünnen Stoff
- Daunenfedern (im Bettenfachgeschäft erhältlich)
- Zweig zum Aufhängen
- Nähgarn, Zwirn, Nähnadel und Schere

Anleitung

Unsere Frau Holle entsteht aus einem «Püppchen mit Drahtarmen zum Hängen». Sie hat eine weiße Bluse, ein Kleid aus mittlerem Blau und ein Schultertuch (siehe Gänsemagd) aus einem etwas dunklerem Blau. Die Haare sind grau und hinten zu einem Dutt zusammengenäht. Dafür flechten wir alle Haare, die hinten über Nacken und Schulter hängen, zu einem Zopf zusammen, legen ihn am Hinterkopf zu einer Schnecke und nähen ihn mit kleinen Stichen fest.

Das Kissen der Frau Holle ist ca. 9 x 6 cm und aus Seide oder hellem Stoff. Wir legen die beiden Stoffteile aufeinander und nähen in kleinen Steppstichen an der Kante entlang. Zum Wenden lassen wir ein kleines Stückchen offen. Nachdem wir das Kissen locker ausgestopft haben, schließen wir auch diese Naht. Frau Holle hält das Kissen in beiden Händen. Es wird mit feinen Stichen an den Händen festgenäht.

Das Bett wurde so gewaltig aufgeschüttelt, daß die Federn wie Schneeflocken umherflogen. Vielleicht ist am Kissen oder am Kleid der Frau Holle eine Feder zu sehen. Auf jeden Fall fliegen Federn, die mit Fädchen aneinander und dann am Zweig befestigt sind, um die Frau Holle herum.

Schneewittchen und die Sieben Zwerge

Material
- Wolle im Band:
  weiß / königsblau / schwarz
- Wolle in der Flocke:
  weiß / mehrere Farben für Zwergenmütze
  und Mantel
- Pfeifenputzer
- Zweig zum Aufhängen
- Nähgarn, Zwirn, Nähnadel und Schere

Anleitung

Das Schneewittchen wird als «Püppchen mit Drahtarmen zum Hängen» gefertigt. Es trägt ein königsblaues, langärmeliges Kleid und hat lange offene Haare, die schwarz wie Ebenholz sind.

Die sieben Zwerge werden nach der Anleitung «Zwerge einfach» gearbeitet.

Schneewittchen und die sieben Zerge werden mit Fädchen so am Zweig befestigt, daß sie sich alle frei drehen können.

Bezugsquellen

Seehawer & Siebert
Naturfasern
Heuberger Hof 1
72108 Rottenburg am Neckar

Majo's Wollknoll
Bodelshofer Weg 66
73230 Kirchheim
Telefon (0 70 21) 97 67 40

De Wullstuuv
Gärtnerstraße 1
24241 Blumenthal
Telefon (0 43 47) 7 18 44

Gerhard Eischer
Wollspinnerei
Adlerstraße 1
91580 Petersaurach
Telefon (0 98 72) 24 23

Georg Schlehaider & Sohn
94149 Kößlarn
Telefon (0 85 36) 2 52

Steppdeckenfabrik Fulda
Wollkämmerei
In den Straußwiesen 6-8
36039 Fulda
Telefon (06 61) 7 44 45

Verschiedene Versandhäuser für Natur-
kleidung und Holzspielzeug

Angelika Wolk-Gerche

Filzen für groß und klein

Schönes und Nützliches aus Wolle

96 Seiten, mit zahlreichen farbigen Abbildungen, gebunden

Das Filzen wird ohne technische Hilfsmittel seit über 3000 Jahren ausgeübt, und heute fasziniert es zunehmend mehr Menschen.

Angelika Wolk-Gerche gibt in ihrem Buch eine Einführung in diese Kulturtechnik und zeigt auf anschauliche Weise anhand vieler praktischer Anleitungen, was aus dem Werkstoff Wolle an schönen Dingen gestaltet werden kann. Die Einfachheit der Technik erlaubt es, daß hier auch mit Kindern gearbeitet werden kann.

Fordern Sie unser Gesamtverzeichnis an:
Postfach 13 11 22 · 70069 Stuttgart

Verlag Freies Geistesleben

Angelika Wolk-Gerche

Märchenwolle

Ideen und Anleitungen
zum Verarbeiten und Gestalten

79 Seiten, mit zahlreichen farbigen
Abbildungen, gebunden

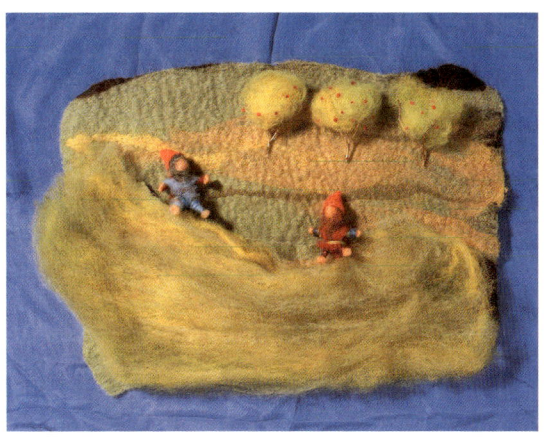

Pflanzengefärbte Wolle übt durch ihre zarten Farben und die Durchlässigkeit des Materials eine seltene Faszination aus. Daher entstand der Name Märchenwolle. Sie ist ein so vielseitiges und phantasieanregendes Material, daß die Möglichkeiten der Gestaltung nahezu unerschöpflich sind.

Angelika Wolk-Gerche gibt in diesem Buch neue Anregungen, was man aus Märchenwolle zusammen mit Kindern alles gestalten kann. Dabei wird auch gezeigt, wie man Märchenwolle selber anfertigen und färben kann.

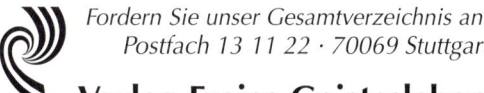

Fordern Sie unser Gesamtverzeichnis an:
Postfach 13 11 22 · 70069 Stuttgart

Verlag Freies Geistesleben

Christiane Kutik

Das Puppenspielbuch

Praktische Anleitungen und Geschichten

109 Seiten, mit 42 farbigen und 39 schwarz-weißen Abbildungen, gebunden

Christiane Kutiks neues Buch gibt anhand zahlreicher farbiger Abbildungen Anregungen für das
Puppenspiel mit kleinen Kindern.
Die Kinder lernen durch das Spiel mit den soge-
nannten Stehpuppen das selbstständige kreative
Spiel kennen, denn auch Spielen will gelernt
sein. Überdies enthält das Buch zahlreiche neue
Märchen und Geschichten, die für das Puppenspiel geeignet sind.

«Anhand zahlreicher farbiger Abbildungen wird
vorgeführt, wie man mit ganz einfachen Mitteln
aus farbiger Wolle zum Beispiel oder mit gefärbten Spieltüchern Puppen gestaltet.
Wenig ist oft mehr. Die Aufmerksamkeit von Kindern läßt sich gerade in dem Alter von ganz einfachen Dingen fesseln. Und oft muß man ganz
einfach improvisieren. Deshalb geht das Buch
von Stehgreifsituationen aus, die ohne großen
Aufwand gestaltet werden können.»
Westdeutsche Allgemeine Zeitung

Fordern Sie unser Gesamtverzeichnis an:
Postfach 13 11 22 · 70069 Stuttgart

Verlag Freies Geistesleben

Petra Berger

Basteln mit Filz

Anleitungen zum Herstellen von Puppen,
Spielzeug und kleinen Geschenken

80 Seiten, mit zahlreichen
farbigen Abbildungen, gebunden

Aus farbigem Wollfilz lassen sich mit einfachen Mitteln und für jeden leicht ausführbar herrliche Dinge herstellen, zum Spielen für Kinder oder auch als kleines Geschenk.

Das vorliegende Buch bietet zahlreiche, durch farbige Fotos illustrierte Anleitungen zur Herstellung von Spielsachen für Kinder: von kleinen Fingerpüppchen über Stehpuppen, Bälle aus Filz, Ketten bis hin zu farbigen Wandbehängen.

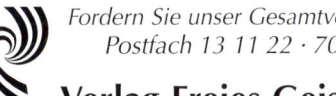

Fordern Sie unser Gesamtverzeichnis an:
Postfach 13 11 22 · 70069 Stuttgart

Verlag Freies Geistesleben

DE WULLSTUUV

Naturwarenhandel und -versand, Musikinstrumente, Mineralien
Gärtnerstraße 1 * 24241 Blumenthal * Inhaberin: Renate Reiß
Telefon: 04347/71844 *Telefax: 04347/71845

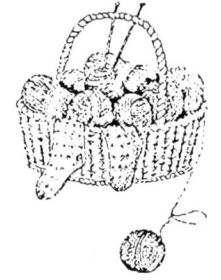

Märchenwolle in Hülle und Fülle

Wenn Sie diese zauberhaften Anleitungen nacharbeiten möchten, empfehlen wir Ihnen unser vielseitiges Angebot:

pflanzengefärbt, industriegefärbt, naturfarben,

im Beutel zu 100 oder 50g, als Kardenband, als Vlieswolle

zum Basteln, Filzen und Spinnen

Engelshaar aus weißer oder cremefarbener Seide

Der Versandhandel, das Geschäft für Bastel- Hobby-, Schul- und Kindergartenbedarf:

Unser Motto im Versandhandel: Kein Hochglanz, viel Text, wenig Bilder, fast alles schwarz-weiß, aber: Faire Preise, viel Information

Biegeplüsch (Pfeifenputzer), Figurendraht, Holzfüße, Bleifüße, Puppentricot,
Tonkarton, Rohpüppchen zum Selbstgestalten mit und ohne Kopf,
Holzkugeln, pflanzengefärbte Seide, farbige Pongee 05 Seide, Kreativpuppen,
Hobbybücher, Bastelfilz aus Wolle/Zellwolle oder Schurwolle,
Bastelpackungen für Blumenkinder, Schmetterlinge, Libellen und Zwerge,
Kinder- und Jugendbücher, alles für die Schule,
und, und, und

Fordern Sie kostenlos und unverbindlich unseren Versandkatalog an.

Petra Berger

Basteln mit Filz

*Anleitungen zum Herstellen von Puppen,
Spielzeug und kleinen Geschenken*

*80 Seiten, mit zahlreichen
farbigen Abbildungen, gebunden*

Aus farbigem Wollfilz lassen sich mit einfachen
Mitteln und für jeden leicht ausführbar herrliche
Dinge herstellen, zum Spielen für Kinder oder
auch als kleines Geschenk.

Das vorliegende Buch bietet zahlreiche, durch
farbige Fotos illustrierte Anleitungen zur Herstellung von Spielsachen für Kinder: von kleinen
Fingerpüppchen über Stehpuppen, Bälle aus
Filz, Ketten bis hin zu farbigen Wandbehängen.

*Fordern Sie unser Gesamtverzeichnis an:
Postfach 13 11 22 · 70069 Stuttgart*

Verlag Freies Geistesleben

DE WULLSTUUV

Naturwarenhandel und -versand, Musikinstrumente, Mineralien
Gärtnerstraße 1 * 24241 Blumenthal * Inhaberin: Renate Reiß
Telefon: 04347/71844 *Telefax: 04347/71845

Märchenwolle in Hülle und Fülle

Wenn Sie diese zauberhaften Anleitungen nacharbeiten möchten, empfehlen wir Ihnen unser vielseitiges Angebot:

pflanzengefärbt, industriegefärbt, naturfarben,

im Beutel zu 100 oder 50g, als Kardenband, als Vlieswolle

zum Basteln, Filzen und Spinnen

Engelshaar aus weißer oder cremefarbener Seide

Der Versandhandel, das Geschäft für Bastel- Hobby-, Schul- und Kindergartenbedarf:

*Unser Motto im Versandhandel:
Kein Hochglanz, viel Text,
wenig Bilder, fast alles
schwarz-weiß;
aber: Faire Preise,
viel Information*

Biegeplüsch (Pfeifenputzer), Figurendraht, Holzfüße, Bleifüße, Puppentricot,
Tonkarton, Rohpüppchen zum Selbstgestalten mit und ohne Kopf,
Holzkugeln, pflanzengefärbte Seide, farbige Pongee 05 Seide,
Kreativpuppen,
Hobbybücher, Bastelfilz aus Wolle/Zellwolle oder Schurwolle,
Bastelpackungen für Blumenkinder, Schmetterlinge, Libellen und Zwerge,
Kinder- und Jugendbücher, alles für die Schule,
und, und, und

Fordern Sie kostenlos und unverbindlich unseren Versandkatalog an.